AF294905

Analyse de l'œuvre

Par Natalia Torres Behar

La Maison aux esprits

d'Isabel Allende

Rendez-vous sur lepetitlitteraire.fr et découvrez :

Plus de 1200 analyses
Claires et synthétiques
Téléchargeables en 30 secondes
À imprimer chez soi

ISABEL ALLENDE

EXIL ET NATIONALISME

- **Née en 1942 à Lima (Pérou)**
- **Fonctions et distinctions**
  - Membre de l'académie américaine des arts et des lettres
- Quelques-unes de ses œuvres :
  - *D'amour et d'ombre* (1984), roman
  - *Paula* (1994), autobiographie
  - *La Cité des dieux sauvages* (2002), roman
  - *Le Royaume du dragon d'or* (2003), roman
  - *La Forêt des pygmées* (2004), roman

Isabel Allende nait à Lima où son père, Tomás Allende Pesse, travaille à l'ambassade chilienne. Elle passe les premières années de sa vie au Pérou jusqu'au divorce de ses parents qui signe son retour au Chili avec sa mère et ses deux sœurs cadettes où elle vit de 1946 à 1953. Elle déménage ensuite en Bolivie, puis au Liban, avant de revenir au Chili en 1959 où elle se marie et donne naissance à deux enfants avec son désormais ex-époux Miguel Frías.

Allende travaille plusieurs années comme journaliste pour différents journaux et magazines, tant lors de son séjour au Chili qu'après ; un travail formateur important qui lui inculque la rigueur d'une méthodologie de recherche que l'on retrouve dans ses romans tels que *La Maison aux esprits.* À la même époque, elle commence à s'essayer aux contes pour enfants et à la dramaturgie. En 1975, elle et sa famille sont contraints de quitter un Chili en crise en raison de sa proximité familiale et politique avec le défunt président Allende. Elle vit durant 13 ans au Venezuela, pays où elle aurait commencé l'écriture de son premier roman.

L'exil est un thème subtil de *La Maison aux esprits*, car s'il revient en de rares occasions, le ton général du roman est celui du souvenir, celui de quelqu'un qui, de loin, semble être capable de suivre l'évolution historique d'un pays avec une clarté qui parait forcée. Le roman constitue en fait une sorte de mémoire qu'Allende dédie à sa fille. Il s'agit d'un témoignage des avancées historiques du Chili et des autres pays d'Amérique latine. *La Maison aux esprits* deviendra d'ailleurs l'une de ses œuvres emblématiques aux côtés de

Paula (1994) et sa trilogie de romans jeunesse :
La Cité des dieux sauvages (2002), *Le Royaume du dragon d'or* (2003) et *La Forêt des pygmées* (2004).

CÉLÉBRITÉ

Isabel Allende est considérée comme l'auteure vivante ayant vendu le plus de livres en langue espagnole avec près de 65 millions d'exemplaires traduits dans 35 langues. Elle est de nationalité chilienne et son père, Tomás, est le cousin germain du président Salvador Allende, assassiné durant le coup d'État perpétré par les forces armées et la police chiliennes le mardi 11 septembre 1973.

LA MAISON AUX ESPRITS

LITTÉRATURE « SÉRIEUSE » OU COMMERCIALE ?

- **Genre** : roman
- **Édition de référence** : *La Maison aux esprits*, Paris, Fayard, Le Livre de Poche, 1984
- **Première édition** : 1982
- **Thématiques** : politique, famille et valeurs, amour, mort, féminisme

L'une des premières caractéristiques de *La Maison aux esprits* est la dualité qu'a connue Isabel Allende tout au long de sa carrière entre, d'un côté, l'engouement général du public qui se traduit par ses millions d'exemplaires vendus, et de l'autre, le dédain mêlé de rejet de la part des critiques littéraires et des auteurs reconnus de sa génération. Allende s'est vue qualifiée d'auteure de second rang par plusieurs grandes figures du milieu tel que son compatriote Roberto Bolaño. Elle est parfois comparée à d'autres écrivains, ses œuvres étant qualifiées de vulgaires copies moins talentueuses des écrits de Gabriel García Márquez.

La Maison aux esprits raconte l'histoire de quatre générations de la famille Trueba-del Valle, née de l'union entre Esteban Trueba et Clara del Valle, tous deux issus de l'aristocratie de leur pays. La saga familiale sert de prétexte à l'auteure pour narrer l'histoire du pays et aborder les thèmes universels que sont la famille, le choc générationnel, les valeurs, l'amour et le féminisme.

Même si la qualité de la narration d'Allende a pu être jugée médiocre par ses pairs latinoaméricains, les romans tels que *La Maison aux esprits* trouvent leur valeur dans le témoignage qu'ils offrent du contraste entre un Chili et une Amérique latine qui surenchérissent de progrès et d'ouverture politique et une droite cruelle et implacable qui met tout en œuvre pour empêcher cela.

Le roman s'est vu adapté sur grand écran en 1993. Le film a été réalisé par Bille August et le scénario, écrit par Allende elle-même. Il compte, en outre, une remarquable distribution qui comprend de grands noms du métier comme Winona Ryder, Meryl Streep, Jeremy Irons, Glenn Close et Antonio Banderas. Étant donné que le livre s'étale sur une période très longue, l'adaptation cinématographique pêche parfois par sa lenteur en termes d'action et son survol rapide de certains moments de l'histoire.

Le succès mondial qui a suivi la sortie du roman a mené à son adaptation sous d'autres formats, comme au théâtre. *La Maison aux esprits* est d'ailleurs le fruit d'une révision d'Allende de l'un des textes dramaturgiques qu'elle avait écrits plus jeune. C'est la mise en scène de Caridad Svich qui est la plus reconnue des pièces de théâtre adaptées du roman. Cette éditrice et dramaturge a d'ailleurs gagné de nombreux prix.

RÉSUMÉ

Le roman tourne autour de trois générations de la famille Trueba-del Valle, de la famille García et de quelques personnages extérieurs rencontrés au fil de l'histoire.

PREMIÈRE GÉNÉRATION

L'histoire commence comme elle se termine, par une phrase écrite par Clara, fille cadette de la famille del Valle dans son journal intime : « Barrabás arriva dans la famille par voie maritime » (p.541). Cette première partie traite de la façon dont Barrabás, le chien de Clara, fait son entrée dans la famille lors d'une scène étouffante qui oblige les del Valle à quitter l'église au beau milieu de la messe dominicale.

Nous découvrons donc les membres importants de la famille del Valle : Severo, le père, un avocat qui se découvre, au cours d'une messe, un devoir civique qu'il se doit d'assumer pour accomplir ses aspirations politiques en tant que membre du parti libéral ; la mère Nívea, une femme douce et pieuse qui déteste toutefois les messes archaïques que l'on donne dans son église et qui se dévoue entièrement à l'éducation de ses enfants ; Rosa la fille aînée, surnommée « La Belle » en raison de sa beauté presque divine qui est promise au jeune Esteban Trueba ; et enfin Clara, une enfant taciturne, innocente (elle restera un grand enfant jusqu'à la moitié de sa vie) qui possède des pouvoirs surnaturels et ne peut s'empêcher de relater tout ce qu'elle vit dans une succession de journaux intimes. Clara peut déplacer des objets par la force de sa pensée et possède également un don de clairvoyance qui lui permet de communiquer avec les fantômes et les esprits. Lors de sa première vision, elle voit un membre de sa famille mourir par accident. Peu de temps après, sa sœur, Rosa « La Belle », meurt empoisonnée au lieu de son père, comme l'avait vu Clara. En voyant la prophétie se réaliser, elle décide de ne plus parler pendant neuf ans.

Esteban Trueba, le jeune fiancé de Rosa, travaille dans une mine, cherchant à s'enrichir rapidement pour épouser sa bien-aimée. Lorsque celle-ci meurt, Trueba se cloître au Trois Maria, une ferme tombée en ruines en raison de l'alcoolisme de son père qui dilapide tout l'argent de la famille. Il y rencontre Pedro García, qui lui sauve la vie, Pedro II García, chef des fermiers qui passent leur vie à labourer les champs, et Pancha García, leur sœur, qu'il viole et dont il fait sa concubine avant de la quitter, enceinte d'un fils bâtard. C'est au cours de son séjour au Trois Maria, faisant suite à la mort de Rosa, que la personnalité colérique d'Esteban commence à se dessiner : une rage qui exalte de temps à autre, des crises de colère durant lesquelles il brise tout ce qui lui passe sous la main, jure comme un charretier et s'en prend à ceux qu'il aime. Esteban doit finalement rentrer en ville pour se rendre au chevet de sa mère, Ester Trueba, qui se meurt. Celle-ci est veillée tout au long de sa maladie par Férula Trueba, sa fille célibataire, une fervente croyante animée par le plaisir de s'abandonner à la religion catholique. Avant qu'elle ne meure, Ester obtient d'Esteban la promesse qu'il se mariera et aura des enfants afin de perpétuer le nom de famille. Il se rend donc chez les del Valle et demande la main de Clara.

DEUXIÈME GÉNÉRATION

Esteban et Clara ont trois enfants. Au fil des années, Esteban amasse une fortune considérable, il devient un oligarque de renom et fait construire une maison extravagante (appelée « la grande maison du coin ») au cœur de la capitale. Ce lieu magique est habité par des fantômes avec qui Clara communique constamment. Leur ainée, Blanca, une belle jeune fille, tombe éperdument amoureuse du fils de Pedro II, Pedro III García, un jeune musicien communiste. Il est beau, généreux, contestataire, révolutionnaire et tombe à son tour amoureux d'elle, la fille de son patron. Pedro III est renvoyé de la ferme pour s'être rebellé contre son patron et avoir exposé ses idées politiques. Se dessine ainsi une autre facette de la personnalité d'Esteban, sa mentalité conservatrice et son opinion antimarxiste qui le mèneront finalement en politique à combattre et tenter d'éradiquer le communisme.

Les deux autres enfants Trueba sont les faux jumeaux Jaime et Nicolás. Le premier est socialiste et dédie sa vie à la médecine, se dévouant corps et âme à soigner les pauvres et les nécessiteux.

Sa dévotion est telle qu'il va même jusqu'à offrir les vêtements qu'il porte à ceux qui en ont plus besoin. Le second est son exact opposé, un libertin ayant hérité du gout de sa mère pour la magie et le paranormal mais pas de ses capacités. Il décide donc d'atteindre le nirvana par le biais de techniques qu'il apprend au cours de ses voyages en Orient. Suite à une crise de colère de son père, Nicolás est exilé et passe le reste de sa vie aux États-Unis. Les deux hommes, avant d'être unis par un lien de fraternité, le sont par une femme : Amanda, l'amante de Nicolás et l'objet de l'obsession amoureuse de Jaime.

TROISIÈME GÉNÉRATION

Blanca finit par tomber enceinte et donner naissance à une fille née hors mariage, Alba de Satigny Trueba, fruit de sa romance avec Pedro III. Son père, horrifié par la possibilité d'avoir un fils illégitime dans la famille, l'oblige cependant à épouser un comte français, Jean de Satigny. Le mariage ne dure pas, Alba est la seule personne de la famille qui parviendra à entretenir une relation de proximité avec Esteban.

À cause de son tempérament et de ses positions

réactionnaires, le père de famille provoque de nombreuses disputes. La lutte interne que l'on observe chez les Trueba constitue le miroir de la situation du pays qui, pendant ce temps, se voit déchiré par un combat entre la continuité du pouvoir de droite et l'éventuelle naissance d'un gouvernement de gauche. Les tensions internes touchent également la relation entre Esteban et Clara qui se voit brisée lorsque celui-ci assène un coup de poing à sa femme et lui brise les dents. Clara finit par mourir entre une colère explosive et destructrice d'Esteban et les pleurs du reste de la famille. Son esprit demeure cependant présent dans la maison.

Lorsqu'Alba est adolescente et qu'elle fait ses premiers pas à l'université, un président socialiste est élu. Toute la famille s'en félicite, à l'exception d'Esteban qui est devenu sénateur et commence à imaginer des stratagèmes pour saboter l'économie du gouvernement. C'est à cette époque qu'Alba rencontre Miguel, le frère cadet d'Amanda, l'amante de son oncle, Nicolás. C'est un jeune étudiant révolutionnaire et communiste aux idées beaucoup plus radicales que celles de son oncle Jaime ou de son père illégitime

Pedro III. Les deux jeunes tombent éperdument amoureux l'un de l'autre et leur relation perdure même lorsque les ruses d'Esteban Trueba et de ses partenaires politiques débouchent sur un coup d'État militaire.

Il s'agit d'un moment crucial : les décisions d'Esteban mènent à la mort de Jaime, à l'exil de Blanca qui fuit avec son amour de toujours Pedro III, à la folie d'Esteban qui admet son erreur à la lumière du coup d'État, mais surtout à l'emprisonnement, la torture et le viol d'Alba par Esteban García, petit-fils illégitime d'Esteban qui se repentira et assumera ses actes. Esteban García raconte avoir grandi dans la pauvreté et la haine de voir chaque jour la famille de son patron. Alba est finalement sauvée par Tránsito Soto, une prostituée devenue entrepreneuse qui fait jouer ses relations au sein de la dictature militaire car elle doit une faveur à Esteban. Le roman se termine avec la libération d'Alba et son retour chez son grand-père. À ce moment-là, Alba, enceinte d'une fille issue du viol qu'elle a subi ou de sa relation avec Miguel, décide de récupérer les journaux intimes de sa grand-mère et de mettre un point final à l'histoire.

ÉTUDE DES PERSONNAGES

ESTEBAN TRUEBA

Patriarche de la famille Trueba, Esteban est un fils de bonne famille tombée en disgrâce du fait de l'alcoolisme du père. Il n'est pas particulièrement beau sans pour autant être désagréable à regarder. Dans sa jeunesse, il se démarque des autres de par sa taille et sa maigreur. La pauvreté et le sentiment de culpabilité, lequel est causé par le christianisme orthodoxe de sa sœur, ont forgé son caractère fort, irascible, têtu et inébranlable. L'une de ses caractéristiques principales est la tendance aux crises de colère qui le mèneront par moments à perdre complètement la raison.

Son dur labeur et sa capacité à donner des ordres à tout le monde sont la source de ses richesses mais aussi de sa pensée réactionnaire et anti-communiste qui débouche constamment sur des disputes avec le reste de la famille et nombre de ses employés, plus libertaires et enclins à un gouvernement de gauche.

CLARA TRUEBA DEL VALLE

Clara est la fille cadette de Severo et Nívea del Valle. Elle nait au sein d'une famille puissante de l'aristocratie, perdue entre des frères et sœurs où se démarque uniquement Rosa. Clara n'est pas belle à proprement parler, mais elle est attirante. Sa fraicheur et sa personnalité enchanteresse font toujours fondre le cœur d'Esteban, son époux. Elle est, en outre, rigoureuse, capable d'empathie et se préoccupe des autres sans prêter attention aux liens de parenté. Elle aide constamment les pauvres et les nécessiteux, une volonté héritée de sa mère et qu'elle lèguera à ses enfants. Elle possède également une manie de mutisme et elle peut passer des années entières sans ouvrir la bouche. Elle aime profiter du silence et c'est également un gout qu'elle transmettra à ses enfants, comme Jaime.

Mais ce sont sans aucun doute ses pouvoirs surnaturels qui constituent sa caractéristique principale. Elle est, entre autres, capable de prédire les décès, les mariages, les catastrophes naturelles et même le coup d'État et la dictature qui en découle. S'il fallait retenir une chose de ce personnage, il s'agirait surement de sa manie de consigner quotidiennement tout ce que vit la famille Trueba dans de multiples journaux et cahiers qui serviront à reconstituer le récit.

ROSA DEL VALLE, « LA BELLE »

Fille ainée de Severo et Nívea, Rosa est surnommée « La Belle » en raison de sa beauté divine, quasi mythologique, et souvent comparée à un ange ou une sirène. C'est la raison pour laquelle les personnages qui l'entourent ne la considèrent pas comme un être de ce monde et cela se traduit par sa personnalité extravagante et une manie de tisser sans cesse. Rosa tisse des animaux surnaturels, produits de son imagination, des bêtes hybrides inspirées de la mythologie. Cet engouement se retrouve chez Blanca Trueba, sa nièce, qui fera de même avec de la céramique bien des années plus tard. Rosa meurt empoisonnée par de l'eau de vie destinée à son père qui s'est lancé dans une campagne politique.

FÉRULA TRUEBA

Férula est la grande sœur d'Esteban. Cette fervente orthodoxe est obsédée par le sacrifice et son dévouement à la religion est digne de celui d'un saint. Elle trouve dans le sacrifice un plaisir presque sexuel, ce qui la place dans une situation de paradoxe. Après avoir passé la première moitié de sa vie à s'occuper de sa mère souffrante et de son petit frère, Férula se retrouve à la dérive lorsqu'Ester Trueba décède. Clara l'accueille dans son foyer et, à partir de ce moment, Férula décide de lui vouer sa vie entière avec une dévotion qui se teinte progressivement d'amour lesbien pour sa belle-sœur.

Elle vit avec son frère et sa belle-sœur jusqu'au jour où son obsession pour Clara conduit à une dispute autour de la jalousie avec Esteban, qui finit par la mettre à la porte. Avant de partir, elle maudit ce dernier, lui disant qu'il « perdra son âme et qu'il mourra comme un chien » ; malédiction qui se réalisera à moitié car que le patriarche de la famille Trueba s'affaissera brusquement avec l'âge. Férula meurt en exil dans un quartier pauvre avec pour seuls compagnons la solitude, la tristesse et la religion.

BLANCA TRUEBA

Blanca est l'ainée des enfants d'Esteban et Clara. Elle entretient une relation très compliquée avec ses parents. C'est une belle jeune femme au teint brun hérité des origines mauresques d'Esteban. Blanca tombe très jeune amoureuse de Pedro III, le fils du chef des employés des Trois Maria qui travaille pour son père. Sa vie prend un tournant important en raison de l'amour interdit qu'elle vit avec le jeune homme. Cet amour la poussera à feindre de nombreuses maladies pour manquer les cours et passer de longs moments à la ferme pour « reprendre des forces ». En faisant semblant d'être souffrante, elle se change progressivement en une hypocondriaque farouche.

Son père découvre finalement sa liaison, il enferme Blanca pour la punir et jure de tuer son amant. Ces événements mènent à une rupture des relations entre Blanca et son père ainsi qu'entre ce dernier et son épouse. En outre, en apprenant la grossesse de sa fille, Esteban force celle-ci à épouser un comte français et aller vivre dans le Nord. Bien que le mariage ne dure pas, il ne sera jamais pardonné. Blanca passe sa vie à s'occuper de sa fille Alba et de crèches. La dictature la pousse finalement à partir pour le Canada où elle passe les dernières années de sa vie auprès de l'homme qu'elle a toujours aimé et avec qui elle n'a jamais pu vivre pleinement sa relation.

JAIME TRUEBA

Jaime est l'un des jumeaux Trueba, les frères cadets de Blanca. Malgré leur lien de naissance, Jaime et Nicolás s'opposent à tout point de vue. Jaime est un homme imposant et représente la virilité même. Même s'il se rase deux fois par jour, sa barbe reste visible. Son caractère cependant, est l'opposé de son physique : c'est un homme sensible, dévoué et vulnérable qui consacre sa vie à aider les autres. Jaime noie sa détresse émotionnelle dans les études, le travail et l'aide qu'il apporte aux nécessiteux. Le désamour sera une constante tout au long de sa vie, en premier lieu avec Amanda, l'amante de son frère.

Il est engagé à gauche en politique et entretient une étroite relation avec Pedro III, l'amant de sa sœur et l'ennemi de son père. Il est, en outre, proche du président, le dirigeant socialiste qui dirige le pays avant le coup d'État. Jaime meurt après avoir été capturé alors qu'il essayait de défendre le président le jour du coup d'État. Il sera torturé physiquement, moralement, mentalement et spirituellement avant d'être fusillé.

NICOLÁS TRUEBA

Nicolás est donc le frère jumeau de Jaime et son exact opposé. C'est un homme attirant aux traits fins, qui n'est pas particulièrement grand, ni impressionnant mais doté d'une intelligence et d'une sagacité qu'il exploite constamment. C'est un irréductible coureur de jupons et un hyperactif absolu. Il se lance perpétuellement dans des projets voués à l'échec, comme la traversée des Andes en zeppelin, et agit sans penser aux conséquences.

À l'inverse de son frère qui, matérialiste, s'intéresse à la réalité physique, politique et tangible, Nicolás développe le même gout que sa mère pour tout ce qui est éthéré, transcendant et spirituel. Il ne possède cependant pas les pouvoirs de sa mère et cette absence de capacités surnaturelles le frustre beaucoup. Il dédiera sa vie au voyage dans l'espoir d'apprendre et de s'éduquer, ce qui le mènera à occuper des fonctions telles que professeur de flamenco ou guide spirituel. Suite à une dispute, son père le renvoie de la maison et part pour les États-Unis où il crée une académie spirituelle.

ALBA TRUEBA

Alba est la dernière des descendantes de la famille Trueba à être mentionnée dans le roman. Son vrai nom est Alba de Satigny Trueba suite au mariage de sa mère avec le Comte de Satigny. Alba ne rencontre toutefois jamais ce supposé père et apprend des années plus tard que son véritable progéniteur se trouve être Pedro III. Alba hérite de la chevelure verte de sa grand-tante Rosa « La Belle » mais n'est pas particulièrement gracieuse et ne se trouve pas belle, jusqu'à sa rencontre avec Miguel qui lui montre qu'il l'aime.

Alba est la seule de la famille à parvenir à créer une relation étroite avec Esteban et ce, malgré leurs divergences politiques. C'est d'ailleurs elle qui l'accompagne sur son lit de mort, mettant ainsi un terme à la malédiction jetée par Férula. Alba hérite de la compassion pour les pauvres qui rythme la vie de son oncle et de sa grand-mère ainsi que de l'amour démesuré et romantique de sa mère. Elle est torturée et violée sous la dictature pour avoir accueilli des dissidents et nous ne découvrons qu'à la fin qu'elle est en réalité la narratrice de l'histoire, relatant cette saga familiale grâce aux discussions avec son grand-père et aux journaux intimes de sa grand-mère.

COMTE JEAN DE SATIGNY

Il s'agit d'un mystérieux aristocrate français qui arrive un beau jour au Trois Maria. Esteban l'accueille comme un ami, enchanté par son raffinement et ses manières européennes. C'est un homme efféminé qui passe des heures à s'apprêter et trouve du plaisir dans des loisirs étonnants aux yeux des Trueba ; il adore, par exemple, jouer au cricket. C'est lui qui révèle au grand jour la relation cachée de Pedro III et Blanca car il souhaite épouser cette dernière pour s'emparer de la fortune du père.

Une fois marié, le couple déménage au Nord du pays où le comte engage des Indiens pour l'aider à entretenir la maison et à déterrer des momies ensevelies dans le désert pour les vendre illégalement sur le marché noir. Blanca réalise finalement que son mari est homosexuel et qu'il a une liaison avec l'un de ses serviteurs indiens. Enceinte d'Alba, elle fuit pour la capitale et ne revoit plus jamais son époux.

PEDRO GARCÍA

Pedro I est le chef du clan des García, une famille qui vit sur le fief d'Esteban Trueba et travaille pour lui. Il est déjà vieux lorsqu'Esteban arrive à la ferme pour la première fois et son fils est considéré comme le chef des travailleurs. Pedro I est toutefois un vieillard respectable, aux connaissances multiples ; il sauve la ferme d'une invasion de fourmis et la vie d'Esteban après le tremblement de terre qui cause la mort de sa mère. Tout comme cette dernière, c'est la voix de la sagesse populaire ; il enseignera à Blanca l'art de sculpter l'argile, un loisir salvateur lors des coups durs et des moments difficiles. Pedro I meurt de vieillesse, aveugle et sourd, aux côtés de son arrière-petit-fils Esteban García.

PEDRO II GARCÍA

Pedro II, comme nous l'avons mentionné, est le

chef des employés des Trois Maria. Cet homme fort et travailleur sera d'ailleurs nommé administrateur du domaine. Il voue une haine féroce à son patron, Esteban Trueba, un sentiment seulement adouci par sa loyauté, sa douceur et son affection pour Clara Trueba, sa patronne. Pedro II supporte toutes les sautes d'humeur de son patron jusqu'au jour où celui-ci brise les dents de Clara d'un coup de poing. Il décide alors de quitter les Trois Maria, ses maigres économies en poche.

PEDRO III GARCÍA

Pedro III est le fils de Pedro II. Communiste et révolutionnaire, ce jeune homme s'applique à diffuser la doctrine marxiste au sein du domaine des Trueba ce qui engendre des frictions perpétuelles avec son patron, jusqu'à ce que celui décide de le renvoyer. Il est irrémédiablement amoureux de Blanca Trueba et de leur relation, qui dure toute leur vie, naitra Alba Trueba. En plus d'avoir des idéaux révolutionnaires, Pedro III est musicien. Il continue de faire de la musique même après que son patron lui a coupé trois doigts en essayant de le tuer, ayant pris connaissance de la liaison qu'il entretient avec sa fille. C'est un musicien populaire qui connait une renommée nationale complètement disproportionnée. Adulé par le peuple et haï par l'oligarchie conservatrice, il est ministre du gouvernement et finit par fuir le pays avec l'amour de sa vie, Blanca. Nous pouvons facilement établir un parallèle entre ce personnage et le musicien chilien Víctor Jara, assassiné dans le Stade Chili après le coup d'État militaire.

PANCHA GARCÍA

Fille de Pedro I, cette fermière mourra des suites d'une maladie à un âge déjà honorable. Pancha est la première des femmes que viole Esteban Trueba, son patron, dans les buissons qui entourent la ferme avant de se marier, acte qu'il réitèrera à de nombreuses reprises. Elle est également sa concubine et portera l'un de ses enfants, un fils bâtard qui aura lui-même un fils appelé Esteban García. Pancha passera sa vie à cultiver la haine de son petit-fils : haine pour le patron et sa famille, et tout ce qui devrait lui appartenir mais qui lui échappe car il ne porte pas le bon nom de famille.

ESTEBAN GARCÍA

Esteban García, petit-fils de Pancha, est peut-être l'un des personnages les plus énigmatiques du livre. S'il n'est mentionné que de façon très sporadique, son importance ressort à chaque fois. Il cause énormément de problèmes à la famille Trueba. Il est élevé dans la haine de sa grand-mère pour la famille Trueba, la haine d'être un bâtard et la haine produite par la jalousie. C'est lui qui révèle le lieu exact où se cache Pedro III lorsque son patron le cherche pour le tuer.

C'est ainsi qu'il obtient une faveur de la part d'Esteban Trueba, qui paie sa dette en le recommandant pour l'école de gendarmerie. Lorsqu'éclate le coup d'État, García est colonel et accomplit l'objectif de sa vie : infliger de la douleur à la famille Trueba. Il ordonne à ses hommes de capturer Alba et prend un malin plaisir à la torturer puis à la violer.

AMANDA

Amanda est l'amante de Nicolás depuis l'enfance. C'est une femme mince à la peau terne qui est fascinée par l'existentialisme de Sartre.

Pour améliorer son image, Amanda se maquille les yeux à outrance et porte des bracelets et des colliers à grelots. C'est une dépressive chronique dépendante aux drogues grâce auxquelles elle trouve un sens à sa vie. Tout au long de leur relation, Nicolás et elle consomment du haschich et de l'opium. Leur liaison prend fin lorsqu'elle tombe enceinte et qu'elle demande à Jaime de l'aider à avorter.

Après l'opération, Amanda est très faible et Jaime s'occupe d'elle. Ils passent beaucoup de temps à la « grande maison du coin » et se rapprochent énormément. La jeune femme ne se sépare jamais de son frère, Miguel, qu'elle a élevé comme une mère. Elle prend finalement ses distances avec la famille Trueba pendant quelques années avant de retrouver la trace de Jaime et Alba grâce à Miguel. Quelques années plus tard, elle est capturée par le régime et torturée. Elle meurt sans révéler l'identité de son frère, ni le lieu où celui-ci se cache.

MIGUEL

Lorsque Amanda reprend des forces après son avortement, Miguel vient s'installer avec elle à la

« grande maison du coin » où il assiste un beau jour, caché dans un placard, à la naissance d'Alba. Des années plus tard, il la revoit alors qu'il étudie à l'université et tous deux tombent éperdument amoureux l'un de l'autre. Il est alors étudiant en droit et développe de fortes idées de gauche, beaucoup plus radicales que celles des autres personnages du roman. Il pense qu'il n'existe qu'une seule façon de s'opposer à la droite : en prenant les armes et en menant une révolution sanglante.

Lorsque le coup d'État éclate, Miguel rejoint les paramilitaires de la guérilla, quittant ainsi Alba et sa sœur. La première est capturée au prétexte qu'elle est l'amante d'un guérillero en fuite et la seconde meurt en protégeant ses secrets.

TRÁNSITO SOTO

Tránsito Soto est l'un des personnages les plus importants du roman, comme le répète sans cesse le narrateur. Il faut toutefois attendre la fin du récit pour comprendre pourquoi. Tránsito est une prostituée qu'Esteban rencontre dans une maison close près de sa ferme. C'est la seule avec qui il parvient à créer des affinités, lui qui méprise généralement les femmes de cette profession. Il lui donne 50 pesos en lui promettant qu'elle sera un jour à même de lui rembourser avec les intérêts.

Au cours des 90 ans de sa vie, Esteban lui rend visite à trois autres reprises : deux fois pour le plaisir et une fois pour lui demander une faveur. Après chaque visite, Tránsito se fait de plus en plus puissante jusqu'à devenir la propriétaire et directrice de la maison close la plus importante de la capitale et parvenir à établir des relations fortes avec la junte militaire au pouvoir. Suite à la demande d'Esteban et le souvenir de ces 50 pesos prêtés des dizaines d'années plus tôt, elle parvient à libérer Alba Trueba des griffes d'Esteban García et sa police politique.

CARACTÉRISTIQUES DE L'ŒUVRE

GENRE : SOMMES-NOUS FACE À DU RÉALISME MAGIQUE ?

La Maison aux esprits est considéré comme un roman appartenant au réalisme magique, un courant littéraire né lors du *Boom* latinoaméricain et dont García Márquez et Mario Vargas Llosa sont les plus grands représentants. Il est important de mentionner *Cent ans de solitude* de García Márquez pour analyser avec pertinence Isabel Allende et son œuvre, car cette dernière s'est fortement inspirée du prix Nobel colombien.

En effet, la structure des deux romans est très similaire : *Cent ans de solitude* et *La Maison aux esprits* racontent tous deux des histoires de familles fondatrices dans un pays imaginaire d'Amérique du Sud. La politique joue un rôle central dans ces récits, tout comme le changement constant et la dégradation des valeurs familiales, où les personnalités et les façons d'être et d'agir se transmettent de génération en génération. Elles se perpétuent à travers l'exercice d'écriture. Les personnages de Remedios (La Belle) et Rosa (La Belle) et leurs histoires pratiquement similaires en sont un exemple probant.

Ce genre, que l'on considérait au début comme une forme narrative propre à l'Amérique latine et un outil pour que cette région utilise ses propres référents et non les européens, a fini par créer l'effet inverse : il s'est transformé en un produit culturel destiné à la consommation du monde développé.

L'une des caractéristiques les plus notables de ce genre est la narration de situations réelles qui sont difficiles de par leur complexité politiques ou logiques ou encore leur violence extrême, voire invraisemblable. Si le roman d'Allende contient beaucoup d'élément de fantaisie, leur emploi se fait d'une façon bien différente de celle employée par García Márquez. En observant de plus près le travail d'Allende, nous nous rendons compte qu'il ne s'agit peut-être pas du réalisme magique à proprement parler mais plutôt de l'une de ses évolutions, un nouveau courant qui remet en question le précédent.

Cette hypothèse pourrait se confirmer à la vue de la famille Trueba que l'on peut diviser en deux : les matérialistes, représentés par la figure paternelle, et les idéalistes, rangés du côté de la figure maternelle. Les premiers sont pragmatiques, ils s'intéressent à ce qui fait tourner le monde comme l'économie et la richesse, le panorama social du continent et la situation politique. Les seconds, alors qu'ils habitent au même endroit, semblent vivre dans un monde abstrait et parallèle où cohabitent les fantômes et les esprits, où les objets sont déplacés par la force de l'esprit et où se rejoignent le passé, le présent et l'avenir.

Ces deux groupes de la famille Trueba cohabitent à merveille et sont parfaitement conscients de l'existence de leurs deux mondes. Cette dualité peut être vue comme un commentaire adressé au réalisme magique lui-même : grâce à lui, le monde entier perçoit l'Amérique latine comme un lieu surnaturel, exotique, magique et mystique qui connait toutefois une contrepartie, un peuple pragmatique préoccupé par les luttes sociales et les conditions politiques particulières, en débat constant avec lui-même.

FORME, STYLE ET LANGAGE

Un autre trait particulier du roman rappelle immanquablement *Cent ans de solitude*. Si le style est bel et bien distinct, distinguant les caractéristiques propres à chaque auteur, la forme et la structure narrative sont plus ou moins similaires. Elles traitent toutes deux de l'histoire d'une famille sur plusieurs générations grâce à une chronologie complexe, bouleversant complètement le modèle linéaire classique. Il serait même possible de parler de chronologie cyclique, une sorte de boucles qui progressent puis régressent pour passer par un même point.

La structure suit un cours tout aussi similaire : lorsqu'il y a une avancée dans le temps, elle est marquée par une logique particulière, conforme à celle des personnages. Dans l'épilogue, lorsque nous réalisons qu'Alba est la narratrice d'un récit dont les journaux intimes de sa grand-mère constituent la matière première, tout tombe sous le sens. À l'instant même où a lieu cette révélation, Alba explique que sa grand-mère, « plutôt que de raconter de façon chronologique, l'a fait par évènements », se référant aux textes que celle-ci a laissés derrière elle. De la même façon, nous pouvons souvent lire que Clara, dans ses délires de médium, semble coexister entre passé, présent et futur. La structure possède la même nature, les évènements du passé existent dans le présent et se rappellent constamment au bon souvenir du lecteur. Les personnages qui apparaissent ne sont pas présentés comme ce qu'ils sont mais comme ce qu'ils seront dans le futur, comme le rôle important qu'ils auront à jouer dans cette histoire. Le récit fait constamment des bonds en avant pour présenter une situation qui n'aura pourtant lieu que des pages, voire des chapitres plus loin.

Il est important de comprendre que le récit est en réalité la reconstruction d'une histoire, une sorte de souvenir au sein duquel les deux narrateurs parlent du passé, de ces moments où ont eu lieu des évènements particuliers. Ce type de narration autorise le récit à effectuer des sauts dans le temps et juger ainsi certains évènements passés en fonction de leurs conséquences des années plus tard.

ANALYSE DES THÈMES ET CLÉS DE LECTURE

L'une des caractéristiques intéressantes du roman d'Allende réside dans le fait que de nombreux thèmes sont présentés et représentés à travers des couples. On dit d'ailleurs que la différence principale entre la littérature et l'histoire est que lorsque la première traite d'évènements individuels sur le plan anecdotique et particulier, la seconde utilise ces faits ponctuels pour aborder quelque chose de plus grand que nous pouvons nous permettre d'appeler la condition humaine. Dans l'entrelacement narratif de *La Maison aux esprits*, cette permission est mise en lumière par les relations de couples. En effet, lorsqu'il arrive quelque chose à quelqu'un, ses descendants vivent très souvent la même expérience quelques année plus tard. Comme dans *Cent ans de solitude*, les personnalités, les fautes et les punitions sont héréditaires. De même, dans les deux romans, l'action d'un personnage reflète en réalité très souvent la situation d'un pays ou d'un continent entier.

POLITIQUE LATINOAMÉRICAINE : L'ÉLIMINATION SYSTÉMATIQUE DE L'AUTRE

La politique, et plus particulièrement la tension idéologique qui existe entre deux extrêmes, est sans aucun doute l'un des thèmes principaux du roman. Le premier d'entre eux est le courant conservateur ancré à droite et formé de la puissante oligarchie aussi bien en ville qu'à la campagne. Au sein de la famille, c'est le patriarche, Esteban Trueba qui représente ce positionnement idéologique. L'autre extrême est représenté par des positions plus progressistes au sein desquelles naissent plusieurs idéologies de gauche fondées sur une base marxiste : du socialisme de Jaime Trueba marqué par une solidarité et une dévotion presque religieuses au communisme révolutionnaire de Miguel. Le roman traite de la tension propre à un moment historique de l'histoire latinoaméricaine, une sorte de réveil populaire qui nait en réponse à la longue période de gouvernance politique traditionnelle.

Mais ces luttes politiques transcendent les

idéologies, ce sont des luttes anciennes qui trouvent leur source dans la possession de la terre, dans le sang et dans la tradition. Le conflit qui rythme tout le roman, et tout le continent, est le récit d'une subordination et de violences normalisées. Suite aux différentes déclarations d'indépendance latinoaméricaines et avant que les réformes ne prennent le relais et que les révolutions et les reconstructions ne se mettent en place, le continent connait un changement de pouvoir simple qui transforme pourtant l'ensemble du panorama social et politique. Les dynamiques de servitude se trouvent renforcées et améliorées par l'oligarchie qui, ce faisant, crée des haines et des rancœurs qui engendreront elles-mêmes des représailles et des vengeances de part et d'autre. Se reproduit donc un cercle de haine que l'on peut observer tout au long du roman. La violence en réponse à la violence qui se répand à travers les époques par le biais de la main de l'homme. La haine engendre toujours la haine.

L'exemple le plus probant de cette réflexion réside surement dans la déclaration finale d'Alba : « J'aime voir la vie comme mon métier et penser que ma mission, plutôt que de perpétuer la haine, consiste à noircir ces pages en attendant le retour de Miguel. [...] En attendant qu'arrivent des jours meilleurs, je veille sur la petite créature qui grandit en moi, une petite fille qui est peut-être le fruit de violences ou celui de mon amour avec Miguel mais qui est, dans tous les cas, ma fille. » (Allende, 1983, 379).

FAMILLE ET VALEURS

La famille Trueba incarne à la perfection la dynamique des thèmes présentés à travers les couples de personnages. Elle représente une sorte de projection de la nation : les luttes intestines au sein de la famille, la hiérarchie mise en place et la tension entre les valeurs de chacun constituent en réalité la représentation du processus exact que traverse le pays voire le continent dans son ensemble. C'est ainsi que les valeurs familiales et la tension générée par le passage du temps attirent notre attention. Cette tension est constante entre la position réactionnaire d'Esteban et celle, progressiste, de ses enfants et ses employés, son obstination inamovible contre n'importe quelle politique progressiste et équitable. Il affirme, en outre, ses idées davantage par la violence que par le dialogue.

Esteban est la personnification du conservatisme latinoaméricain qui, dans le but de préserver ses valeurs, son mode de vie fondé sur la propriété et le pouvoir, préfère détruire tout ce qui l'entoure plutôt que d'accepter le changement. Esteban met ses enfants à la porte, bat son épouse et maudit ses employés comme le fait le régime militaire qui préfère détruire jusqu'aux fondations du palais du gouvernement plutôt que de le voir occupé par un marxiste afin de défendre les valeurs coloniales au détriment des valeurs démocratiques.

LE FÉMINISME ET LA LIBÉRATION DE L'HISTOIRE

La féministe française Hélène Cixous traite, dans l'un de ses travaux, de la bisexualité inhérente de la femme. Celle-ci est entendue comme un lieu interne de la femme où cohabitent deux sexes, lui apportant ainsi la capacité de changer, de se reformer constamment, d'être l'autre et d'aller plus loin que soi-même et ses propres intérêts.

L'homme traditionnel, au contraire, doit toujours se prouver des choses et le fait grâce à un processus d'« accumulation de masculinité », de renforcement de ses mécanismes de pouvoir et de virilité dans un procédé égoïste qui le diminue, l'enferme et le réduit à être basique, à se résumer à sa possibilité la plus prévisible.

Dans le roman d'Allende, ce processus est présent sous une forme très explicite : alors que les hommes, dans leur recherche d'« accumulation de masculinité », reproduisent les dynamiques de haine et de répression, les femmes font le contraire. L'exemple parfait pour illustrer ce constat réside en Esteban qui, afin de conserver sa position de chef, de mâle, de politicien rédempteur et de défenseur de la patrie et des traditions, termine par détruire toute sa famille et, en toile de fond, tout son pays. Esteban représente la quintessence de la figure du colonisateur, son représentant dans le présent, son évolution. À l'autre extrémité du spectre de cette dualité se trouvent les femmes Trueba, telles que Clara, qui ne trouvent aucune justification à la violence, tentent d'y mettre un terme, de se libérer du poids du passé pour proposer une alternative innovante, des femmes qui sont prêtes au changement et à l'évolution.

La révolte de la femme est une révolte silencieuse. À partir du moment où Esteban lève la main sur sa Clara, celle-ci décide de ne plus jamais lui adresser la parole et elle tient cette promesse. C'est cependant la seule qui est capable de pardonner, de ne pas perpétuer cette spirale de haine. De la même façon, sa petite-fille Alba est capable de faire abstraction de l'histoire et de distinguer le cycle de violence que celle-ci engendre : Esteban Trueba a violé une paysanne et, des années plus tard, le petit-fils de celle-ci viole à son tour la petite-fille de Trueba en une sorte de vengeance qui, par le silence, la réflexion et la révolte intérieure, transcende l'histoire elle-même.

LE TEMPLE DE L'AMOUR

L'amour a connu un bouleversement intéressant au fil du temps. Ce sentiment, qui inspirait Garcilaso pour composer ses plus beaux vers, est aujourd'hui vu comme une mondanité, quelque chose de kitsch. L'intellect, en revanche, semble s'y dérober, tendre à trop l'analyser. L'amour reste cependant un dénominateur commun, un sentiment que chacun d'entre nous ressent au moins une fois au cours de sa vie.

Cette démocratisation de l'amour débouche en fait sur sa simplification. À travers la télévision et le cinéma, le sentiment le plus complexe de notre espèce s'est vu réduit à une formule toute faite, bien éloignée de la réalité. L'amour tel qu'il est possible de le voir dans n'importe quelle comédie romantique nait, grandit, passe par une crise qu'il surmonte immanquablement, souvent par le biais d'une repentance ou de l'intervention d'une troisième personne, et finit par s'épanouir, laissant le couple vivre heureux pour toujours. Ce sentiment est toutefois beaucoup plus complexe et le roman d'Allende dévoile certaines des nuances de cette complexité.

Le roman traite donc de certains amours polémiques, comme celui qu'éprouve Férula pour Clara qui joue sans cesse avec les frontières de l'amour lesbien (cet amour réveille des sensations profondément enfouies chez cette femme, excessivement religieuse). Mais il décrit aussi des amours qui reposent sur une contradiction comme celui entre Esteban Trueba et son épouse car, s'il l'aime comme jamais il n'a aimé auparavant et qu'il est véritablement obsédé par elle, il n'est pas capable de contenir son caractère colérique et de se retenir de la blesser. Il est des amours qui torturent, comme celui qui lie Jaime à Amanda, des amours qui, malgré la douleur qu'ils engendrent, sont incapables de faire changer les ressentis profonds des êtres et qui, alors même qu'ils l'appellent de leurs vœux, ne parviennent pas à forcer cet être à passer à l'action. On y trouve également les amours qui se destinent davantage à des idées qu'à une personne, comme celui de Miguel, par exemple, qui, plutôt que de fuir avec Alba et de construire une vie à deux, se marie avec son idéologie et décide de rejoindre les rangs des guérilleros.

Dans ce roman, l'amour n'est pas unique. Il regroupe tous les amours possibles, ses complexités et particularités, les nuances qui s'opposent à la vision de ce sentiment que le cinéma et la télévision ont contribué à populariser. Cette idée de l'amour vu comme une règle, un amour parfait qui se crée et se perpétue instantanément, qui ne prend pas en compte les conditions sociales, culturelles et historiques, ce faux sentiment d'amour semble finalement nous jeter insolemment au visage que nous sommes et devons tous être exactement pareils, peu importe l'époque ou le lieu.

PISTES DE RÉFLEXION

QUELQUES QUESTIONS POUR AP-PROFONDIR SA RÉFLEXION...

- La critique que l'on adresse le plus souvent à Isabel Allende est que sa narration est légère et commerciale. Partagez-vous cet avis ? Quels éléments de *La Maison aux esprits* vous permettraient de l'infirmer ou de le confirmer ?
- *La Maison aux esprits* est un roman que l'on catégorise souvent comme appartenant au réalisme magique. Au sein de quel autre courant littéraire pourrait-il s'inscrire ?
- Dans le roman, le rôle des femmes est essentiel, elles sont d'ailleurs représentées comme fortes et indépendantes. Pouvons-nous dire qu'il s'agit d'une œuvre féministe dans son ensemble ? Quelles problématiques les femmes du roman mettent-elles en lumière par rapport à leurs homologues masculins ?
- Les représentations des femmes du roman datent d'il y a plus de trente ans. Comparez-les avec les descriptions que l'on en fait de nos

jours. Pensez à un livre, un film ou une série récente et comparez les personnages féminins à ceux de *La Maison aux esprits.*

- Le personnage de Pedro III est clairement un hommage au musicien Víctor Jara. Quels sont les autres personnages historiques qu'il est possible de découvrir en lisant entre les lignes ?

- Le roman est souvent comparé à *Cent ans de solitude* ; avec quels autres ouvrages possède-t-il des similitudes ?

- Dans le roman, la ségrégation sociale à cause de laquelle une personne qui nait dans un milieu est condamnée à y rester toute sa vie sans aucune possibilité d'évolution, est bien illustrée. Pensez-vous que ce soit encore aujourd'hui une réalité sociale ? Quels seraient les facteurs sociaux et politiques permettant cela ? Sont-ils les mêmes que ceux présentés dans le roman ?

- Les positions politiques présentes dans le livre dressent le portrait du climat politique en Amérique latine à cette époque : les idéologies progressistes, issues du marxisme, opposées au conservatisme de droite. Comment ce climat politique a-t-il évolué ? Quels ont été les changements subis par les dynamiques politiques par rapport à celles présentées dans le roman ?

- Dans *La Maison aux esprits*, Clara Trueba affirme que la charité constitue plus un achat de conscience qu'un authentique acte de justice. Qu'en pensez-vous ? Comment pourrait-on définir un véritable acte de justice ?

Votre avis nous intéresse !
Laissez un commentaire sur le site de votre
librairie en ligne
et partagez vos coups de cœur sur les réseaux
sociaux !

POUR ALLER PLUS LOIN

ÉDITION DE RÉFÉRENCE

- Allende I., *La maison aux esprits*, Paris, Fayard, Le Livre de Poche, 1984

ÉTUDES DE RÉFÉRENCE

- Boschetto S. M., *Dialéctica metatextual y sexual en La casa de los espíritus de Isabel Allende.* Hispania, 1989, vol. 72, n.° 3, 526-532.

- Godoy R., Carmen Gloria. *La casa de los espíritus: familia, nación y clases,* 2008, Consulté le 24 juillet 2016. https://pendientedemigracion.ucm.es/info/especulo/numero38/casaespi.html

- Meyer D., '*Parenting the text': Female Creativity and Dialogic Relationships* dans *Isabel Allende's La casa de los espíritus. Hispania,* 1990, vol. 73, n.° 2, 360-365.

ADAPTATIONS

- *La Maison aux esprits*. Réalisé par Billie August, avec Jeremy Irons, Winona Ryder, Glenn Close, Meryl Streep et Antonio Banderas. États-Unis et Allemagne : Miramax Films et Neue Constain Film,

1993.

- Svich, Caridad Y José Zayas. 2009. *La Maison aux esprits.*

LECTURES RECOMMANDÉES

- Michaud S., *Ensayo final La casa de los espíritus de Isabel Allende.* Essai. Université Concordia. 2003

Retrouvez notre offre complète sur lePetitLittéraire.fr

- des fiches de lectures
- des commentaires littéraires
- des questionnaires de lecture
- des résumés

ANOUILH
- Antigone

AUSTEN
- Orgueil et Préjugés

BALZAC
- Eugénie Grandet
- Le Père Goriot
- Illusions perdues

BARJAVEL
- La Nuit des temps

BEAUMARCHAIS
- Le Mariage de Figaro

BECKETT
- En attendant Godot

BRETON
- Nadja

CAMUS
- La Peste
- Les Justes
- L'Étranger

CARRÈRE
- Limonov

CÉLINE
- Voyage au bout de la nuit

CERVANTÈS
- Don Quichotte de la Manche

CHATEAUBRIAND
- Mémoires d'outre-tombe

CHODERLOS DE LACLOS
- Les Liaisons dangereuses

CHRÉTIEN DE TROYES
- Yvain ou le Chevalier au lion

CHRISTIE
- Dix Petits Nègres

CLAUDEL
- La Petite Fille de Monsieur Linh
- Le Rapport de Brodeck

COELHO
- L'Alchimiste

CONAN DOYLE
- Le Chien des Baskerville

DAI SIJIE
- Balzac et la Petite Tailleuse chinoise

DE GAULLE
- Mémoires de guerre III. Le Salut. 1944-1946

DE VIGAN
- No et moi

DICKER
- La Vérité sur l'affaire Harry Quebert

DIDEROT
- Supplément au Voyage de Bougainville

DUMAS
• Les Trois
  Mousquetaires

ÉNARD
• Parlez-leur
  de batailles,
  de rois et
  d'éléphants

FERRARI
• Le Sermon sur la
  chute de Rome

FLAUBERT
• Madame Bovary

FRANK
• Journal
  d'Anne Frank

FRED VARGAS
• Pars vite et
  reviens tard

GARY
• La Vie devant soi

GAUDÉ
• La Mort du
  roi Tsongor
• Le Soleil des
  Scorta

GAUTIER
• La Morte
  amoureuse
• Le Capitaine
  Fracasse

GAVALDA
• 35 kilos d'espoir

GIDE
• Les
  Faux-Monnayeurs

GIONO
• Le Grand
  Troupeau
• Le Hussard
  sur le toit

GIRAUDOUX
• La guerre de
  Troie
  n'aura pas lieu

GOLDING
• Sa Majesté des
  Mouches

GRIMBERT
• Un secret

HEMINGWAY
• Le Vieil Homme
  et la Mer

HESSEL
• Indignez-vous !

HOMÈRE
• L'Odyssée

HUGO
• Le Dernier Jour
  d'un condamné
• Les Misérables
• Notre-Dame
  de Paris

HUXLEY
• Le Meilleur
  des mondes

IONESCO
• Rhinocéros
• La Cantatrice
  chauve

JARY
• Ubu roi

JENNI
• L'Art français
  de la guerre

JOFFO
• Un sac de billes

KAFKA
• La Métamorphose

KEROUAC
• Sur la route

KESSEL
• Le Lion

LARSSON
• Millenium I. Les
  hommes qui
  n'aimaient pas
  les femmes

LE CLÉZIO
• Mondo

LEVI
• Si c'est un
  homme

LEVY
• Et si c'était vrai…

MAALOUF
• Léon l'Africain

MALRAUX
- La Condition
  humaine

MARIVAUX
- La Double
  Inconstance
- Le Jeu de l'amour
  et du hasard

MARTINEZ
- Du domaine
  des murmures

MAUPASSANT
- Boule de suif
- Le Horla
- Une vie

MAURIAC
- Le Nœud
  de vipères

MAURIAC
- Le Sagouin

MÉRIMÉE
- Tamango
- Colomba

MERLE
- La mort est
  mon métier

MOLIÈRE
- Le Misanthrope
- L'Avare
- Le Bourgeois
  gentilhomme

MONTAIGNE
- Essais

MORPURGO
- Le Roi Arthur

MUSSET
- Lorenzaccio

MUSSO
- Que serais-je
  sans toi ?

NOTHOMB
- Stupeur et
  Tremblements

ORWELL
- La Ferme
  des animaux
- 1984

PAGNOL
- La Gloire de
  mon père

PANCOL
- Les Yeux jaunes
  des crocodiles

PASCAL
- Pensées

PENNAC
- Au bonheur
  des ogres

POE
- La Chute de la
  maison Usher

PROUST
- Du côté de
  chez Swann

QUENEAU
- Zazie dans
  le métro

QUIGNARD
- Tous les matins
  du monde

RABELAIS
- Gargantua

RACINE
- Andromaque
- Britannicus
- Phèdre

ROUSSEAU
- Confessions

ROSTAND
- Cyrano de
  Bergerac

ROWLING
- Harry Potter à
  l'école des sor-
  ciers

SAINT-EXUPÉRY
- Le Petit Prince
- Vol de nuit

SARTRE
- Huis clos
- La Nausée
- Les Mouches

SCHLINK
- Le Liseur

SCHMITT
- La Part de l'autre
- Oscar et la
  Dame rose

SEPULVEDA
- Le Vieux qui
  lisait des romans
  d'amour

SHAKESPEARE
- Roméo et Juliette

SIMENON
- Le Chien jaune

STEEMAN
- L'Assassin
  habite au 21

STEINBECK
- Des souris et
  des hommes

STENDHAL
- Le Rouge et
  le Noir

STEVENSON
- L'Île au trésor

SÜSKIND
- Le Parfum

TOLSTOÏ
- Anna Karénine

TOURNIER
- Vendredi ou
  la Vie sauvage

TOUSSAINT
- Fuir

UHLMAN
- L'Ami retrouvé

VERNE
- Le Tour
  du monde
  en 80 jours
- Vingt mille
  lieues sous
  les mers
- Voyage au
  centre de
  la terre

VIAN
- L'Écume des jours

VOLTAIRE
- Candide

WELLS
- La Guerre des
  mondes

YOURCENAR
- Mémoires
  d'Hadrien

ZOLA
- Au bonheur
  des dames
- L'Assommoir
- Germinal

ZWEIG
- Le Joueur
  d'échecs

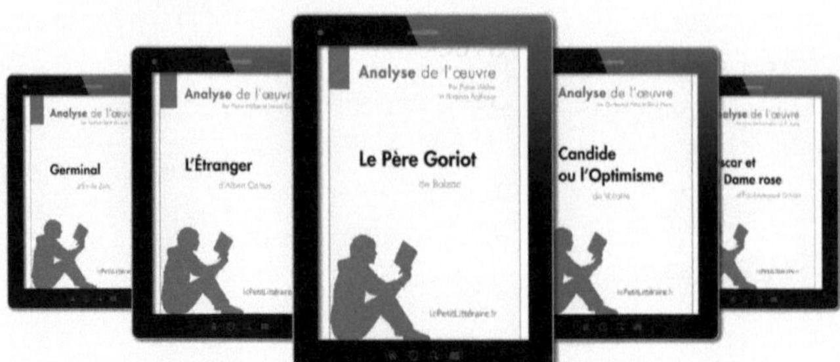

ISBN version numérique : 9782808003506
ISBN version papier : 9782808003513

Dépôt légal : D/2017/12603/705

Conception numérique : Primento,
le partenaire numérique des éditeurs.

Ce titre a été réalisé avec le soutien de la Fédération Wallonie-Bruxelles, Service général des Lettres et du Livre.